물들다

리토피아포에지 · 51

물들다

인쇄 2016. 9. 25 발행 2016. 9. 30
지은이 김영미 펴낸이 정기옥 펴낸곳 리토피아
출판등록 2006. 6. 15. 제2006-12호
주소 402-814 인천 남구 경인로 77(숭의3동 120-1)
전화 032-883-5356 전송032-891-5356
홈페이지 www.litopia21.com 전자우편 litopia@hanmail.net

ISBN-978-89-6412-072-9 03810

값 9,000원

이 도서의 국립중앙도서관 출판예정도서목록(CIP)은 서지정보유통지원시스템 홈페이지(http://seoji.nl.go.kr)와 국가자료공동목록시스템(http://www.nl.go.kr/kolisnet)에서 이용하실 수 있습니다.(CIP제어번호: CIP2016022580)

이 책은 제주문화예술재단의 지역협력형사업으로 지원받아 발간되었습니다.

김영미 시집

물들다

리토피아
LITERATURE & UTOPIA

시인의 말

참으로 오소소한 날이다
사는 동안의 얼룩으로
더러는 어지럽고 더러는 무뎌진 채
나의 한부분이 된 무늬들을 꺼내어
업으로 각인 된 것들을 껴입는다.
삶을 한참 건너왔는데도
아직도 알 듯 말 듯 한 것이
오히려 눈만 끔벅거리는 시간들이
더 많아졌다.
가도 가도 다 가지 못할 것 같은
불안으로 지새는 날들이 먼지처럼 쌓여간다.
죽을 것 같은 날들이 있었음에도
마음을 다해 사랑하고 그리워해야 할
대상이 없었다는 것은
아무래도 내 생애 가장 큰 죄였음을
이제와 알게 되었다.
다시 옷깃을 여미는 시간이다.

-찬비 오는 첫날에

김영미

차례

제1부 날개

제2부 옹이

제3부 폭우

제4부 추상화

제5부 폭설

| 제1부 |

날개

날개

새가 살았을 때는
바람을 품어 허공을 날더니만

새가 죽었을 때는
바람이 불어와 몸을 흔들어도
허공을 알지 못한다

경고

김규동 선생의 경고란 시를 필사하다가
나도 경고를 받는다

펜을 잡은 손이 가늘게 떨리고
글씨는 삐뚤빼뚤
펜 끝이 파르르 성을 낸다

비우지 못한 마음속에
깊이 잠겨있던 이기심이
나를 밟고 일어선다

불가뭄이 들어 메마른 가슴
생각할 줄 모르는 영혼
하나를 향한 거침없는 집착

버려야 했던 모든 것들이 이제와
깊은 수렁이 되어 발목을 잡는다

〉

펜을 놓고
멍하니 필사하던 종이를 바라본다
늦은 하루가 송곳이 되어
가슴을 겨눈다

귀가 가렵다

바람이 길을 내려는지
바람 부는 날엔 귀가 더욱 가렵다

묵은 침묵을 깨고 달팽이관이 움직인다
고막 속에서 맴도는
모르스부호의 타전, 게슈타포의 걸음, 심장이 떨리는 소리
바람을 타고 오는 고주파의 변형엔
들을 수 없는 소리가 너무 많다

경직과 전율 사이를 옮겨 다니는
나의 위기와 의지 사이에서
까닭 없이 흔들거리는 가벼운 중심은
합리적이지 않을 수도 있다

생활과 격리된 적분과 미적분을 나누는 통계는
이해할 수 없는 그들만의 이야기였고
오래된 관습으로 마모되어 설레지 않는 감각 중에
〉

여전히 뜨거움으로 해독할 수 없었던 난제는
세상을 향한 뜬금없는 두근거림

돌아눕지 못하는 한밤의 신들린 고통
나와 다른 것들에 관한 두려움의 보고서
마찰이 마찰과 부대끼는 소리
상처의 이름 뒤에 붙은 단절에 대한 수많은 견해
맞물리지 못하는 생각들의 부정교합
듣고 싶지 않았던 말들의 반란

귀가 가렵다, 바람의 귀가 아프다

달라서 낯설었던 너의 이야기가
귓속을 후벼 파는 밤엔 깨질 것 같은
줄탁에 관한 설레임의 보고서를 쓴다

그러므로 말하지 않아도

사는 동안 보탬 한 번 돼주지 않던
인생의 멱살을 잡고 흔들다 제대로 얻어맞고
대리기사를 부르는 늦은 밤

젊은 대리기사의 한숨소리가 민망하고 낯설다
낮에 일이 있어 나오지 말까하다
대목이라는 사장의 말에 할 수 없이 나왔다고
같이 대리운전을 하다 슬그머니 그만 둔 대학동창 녀석이
스스로 세상과의 인연을 끊은 어제
친구를 위해 마지막으로 할 수 있었던 일은
세 번의 절이었다고

근데, 사는 게 뭡니까?

밤과 낮을 바꿔 살아도 달라지는 게 없다는
젊디젊은 하루살이가 밤을 지우며 새벽을 향해 달린다

하루 종일 눈치와 침묵으로 기약 없는 밤을 밝히고 있을

나의 하루살이가 가슴으로 날아든다

친구가 어제 아침까지 있었다던 장례식장을 지나자
손등으로 눈가를 쓱 훔치는 대리기사

구름이 새벽달을 지우고 바람이 차를 태워 달리고 침묵이
그와 나 사이를 가르고
고요만 긴 거리를 헤매다니다 아스라한 별빛이 되는 밤

말 한마디 못하고 고개 숙여
눈자위 붉힌 채 가녀린 어깨만 떨던
가슴 싼한 나의 별이 차창을 떠나지 않는다
말간 새벽별빛이 흐리다

그냥

어떤 생각도 하기 싫어서

얼마가 되는지 모를
길을
마냥 걸었다

뒤따르는 것은
오직
나의 그림자뿐

그림자·1

숨을 쉬는 것들에게는
극한의 고통이 하나씩 있어
혼자임을 잊게 할
극진한
나의 내가 있어야 했다
신도
외로움에 지쳐 자신을 닮은
사람을 만들었다지 않은가
사람이었기에
외로울 수밖에 없는 천형
혼자서는 견딜 수 없는
지상의 모든 별들에게

밤과 낮을 더불어
삶을 넘어 죽음의 순간까지도
악착같이 나를 지켜줄
오직 나에게만 허락된
나의 그대

그림자·2

캄캄한 밤,
가로등 불빛 홀로 남겨 놓고 내가 간다
나의 등 뒤에서 쉬엄쉬엄 오던 네가
내 발걸음이 걱정스러웠는지 앞으로 나섰다
나보다 먼저 네가 길을 간다
점점 야위어지는 모습으로 네가 간다
터벅터벅 조심스레 네가 간다
내 삶을 짊어지고 나를 닮은 네가 간다
우쭐우쭐 겅충거리며 네가 간다
내 지난 일을 살풀이하듯 움씰움씰 네가 간다
살금살금 소리 없이 네가 간다
내 어설픈 고독을 나무라며 네가 간다
내 보잘것없는 미래를 바라보며 네가 간다
어제도 너였고
오늘도 너이고 그리고 또 너일 것이다

어둠,
검고 검은 모퉁이의 모퉁이를 반쯤 돌아가면

내가 가졌던 긴 착시가 허상으로 희미해지고
발끝을 끌어당겨 어둠과 눈을 마주치면
닮아서 밉고 미워서 애틋한
사랑이라 말할 수 없는
네가 아직도 거기서 서성거림을

터벅거리는 발걸음마다 울먹였던 검은 정적
나를 가장 사랑한 네가 거기 있다

나무들의 울음

여름 깊은 밤, 나무들은 기억을 펴올린다
바람과 같이 앓던 성장통
계절과 나눈 서툰 감정의 결
몸을 비틀어도 버릴 수 없었던 모진 인연
시간과 함께 수천 가지에 불어와
잎사귀를 흔들던 바람의 이야기들
귀를 기울여 모든 이야기를 다 듣는 것은 아니지만
보지 못한 이야기들을 상상처럼 부풀려 아프지 말기를
정오의 태양에 맹세한 푸르른 서약이 있다
그래도 갓난아기가 나오지도 않는
어미젖을 빨다 기력이 다해 죽었다는
세상일이 아닌 것 같은 이야기를 들은 날은
나무도 홀씨를 날려야했던 어미였기에
먹먹해지는 가슴을 기어코 터트리게 돼
울음을 멈출 수가 없는 것이다
홀로 견뎌야하는 어두운 숲의 밤보다
아기의 허기진 입술을 적실 수 없었던
어미의 마른 젖을 보았을 바람의,

젖은 눈을 채우던 공포가 가슴을 더 두들겼다
어느 누구도 간직하지 못한
원시의 통곡이 별빛을 품고 글썽일 때도
바람이 남기고 간 간곡한 진실이
세상의 모든 상처가 되지 않길
무성한 여름의 이름으로 기원하고
새벽이 오는 미세한 떨림 하나에도
나무들은 제 작은 가슴과 발끝으로 움켜쥔
서러운 세상의 낮은 이야기들을
별빛을 향해 실어 나르며
개울이 터지듯 옹이진 곡절을 토해내는 것이다

낮잠

한겨울 지하실의 차가운 바닥
군용 담요 위에 곡선으로 누운 여자
선 하나에 미간을 모으는 선뜻한 연필자국이
그녀의 몸에서 반듯한 모서리를 훔쳤다.

마른 숨소리로 가득한 스케치북을 향해
그녀의 눈이 그녀의 발끝이 그녀의 가슴이
숨겨진 바로크의 외설을 유혹한다.

설마 시간을 베끼고 있지는 않겠지.
내 가슴을 만져봐.　　　　　　　　들려?
세습된 생각은 치워버려.　　외설? 예술?
장님은 마음을 본다지.　　　　　느껴져?
당신이 밑바닥을 보여주기 전에는
나도 이해할 수 있는 것만 이해할 거야.
너무 뻔한 것이 우리들의 몫이라며 슬픈 일이니까.
죽을 수 없을 때 살아야하는 고통을 느껴봐.
욕망은 벽 쪽을 향하는 그림자처럼 한곳으로만 기울지.

내 마흔 아홉 개의 그림자를 가둘 수 있겠니.
너의 작은 스케치북 속에.

4B연필의 모든 것은 모노
수백 장을 그려도 가진 것은
수많은 검은 고독
겨울을 닮아가는 그림들의 잔해가
지하실에 맴돈다

피곤에 절은 자신의 몸을 껴입고
목탄처럼 가벼운 상상이 스케치북에 갇힐 때
지하에 떨어지는 짧은 겨울 햇살을
그녀의 몸이 받는다
트레싱페이퍼에 복사되는 문자처럼
투명해지는 갑골무늬들

삶이야 무엇이있든 산에 괜찮다
벌거벗은 몸에서 나른하게 퍼지는 코고는 소리
그녀는 아마 선사시대를 꿈꾸고 있을 것이다

눈 먼 시간들에게

왼쪽 두 방울, 오른쪽 두 방울
투명한 점안 액이 눈 안에서 핏물처럼 고이다 스며든다.
삼십 분 후에는 낯선 세상을 만날 수 있으니 조심하세요.
낮은 목소리로 그녀가 속삭였다. 조심하세요, 라고

색이 없는 빛이 들어왔다.
르누아르의 허물어진 늙은 인상들이 움직였다.
수잔 발라동의 눈은 한 곳에 머물렀으나
그녀의 깊은 동공은 늘
바람 속을 드나드는 불꽃처럼 흔들렸다.
그녀의 춤사위가 하얀 드레스 속에 파묻혔다.
음악소리는 멀어지고 사물들이 스쳐 지나가거나
문득 생각났다는 듯이 우두커니 서 있다가
뒤돌아가거나 툭 치고 갔다.
이전에 알고 있었거나 알고 있다는 것은
모두 이전의 일
알아 볼 수 있는 것과 알았던 것은
눈이 빛으로 가득 채워지기 전의 기억들

눈부신 기억들은 쉽사리 부서져가고
빛은 모든 것을 삼키며 견고하게 자라났다.
사물들이 다 지워졌을 때
빛은 살아 움직였다 불꽃처럼 너울너울
눈물이 흘렀다 감각이 더욱 예민해져 있었다.
죽었다고 믿었던 것들이 소름처럼 살아났다.
어젯밤에 잃어버렸다고 믿었던 말도 생각났다.
사막 이전 낙타가 없던 벌판
그들의 무리 속으로 말은
사막의 푸른 별을 물고 북쪽으로 가고 있었다.
목숨보다 더한 것이 거기에 있음으로

그녀가 다가와 말했다 눈에 빛이 가득하군요
빛으로 눈을 다 채워버리다니 어리석군요.
하는 수 없어요 캄캄해지길 기다리든지
그녀가 별 하나를 눈 속에 넣었다.
말이 북쪽으로 가는 소리가 들렸다.
그녀가 혀를 차며 조심하라는 말을 했으나

나는 이미 떠나고 있었다.

나의 말이 떠난 그 곳 북쪽으로

대설주의보·2

늦은 밤
하늘은 세상의 한 귀퉁이를 지워버렸다.
고립의 다른 이름 유배
하늘이 마지막으로 끌어안은
애틋한 마음 한 조각
섬

섬에 내린 눈은 섬에만 있다
미친 듯 불어대는 바람도 섬에만 분다
바람타고 발광하는 파도도
섬으로만 향한다

섬은
오랫동안 섬이었기에 사랑스러웠다
하늘은 섬을 사랑하였다
헛되이 부는 유랑 같은 희망들을
섬에서 지우기 위해
섬을 유배시켰다

잊으라
잊으라
순결하지 못한 사랑은
잊으라

잊음이란 잃음도
때론
다른 이름의 희망일 수도 있기에
거칠고 탐욕스러웠던
한 때의 눈먼 사랑은
다 지워버리라고

섬에,
눈이 내린다
  눈이
        내린다
      눈
            이

내

린

다

독백

미친 영혼들의
적막한 노래

멍석 한 장 없이
읊조리는
모노배우의 탄식

술자리에서
내뱉는
허튼소리만도
못한 것

자신도 모르고
자신도 헷갈리는
생각 없이 내뱉는
한숨

그보다 못한

시인들의 곡조 없는

중얼거림

막걸리가 간절한 날

몇 날 며칠
비가 연일 오는 장마가 들면
누룩 익어가는 냄새가
온 집안을 채웠다

허름한 살림들이 종일토록 하릴없는 부엌
컴컴한 어둠 한편에 술항아리를 놓고
손을 모으던 할머니의 긴 등허리

술항아리 속에선 누룩이 꽃을 피워냈다
하얀 매화 꽃망울처럼 톡톡 터지며
술이 괴어올랐다

몽글몽글 삭은 고두밥을 휘저은
할머니의 성긴 손가락에 남은 달큰한 맛을
젖을 먹듯 빨아먹은 날이면
할머니의 냄새는 유난히 향기로웠다

〉

할머니 먼 세상으로 가시고 난 이듬 해
젊은 아버지 손을 잡고
고향 떠나와 여러여러 해
아버지도 할머니 품 그리워 떠나가시고

살아가는 일이 그랬던 것
살다보니 고향집도 고향도
떠나온 시간만큼 가물거려
심심한 풍경처럼 살고 있지만

비가 오는 날이면 진종일 비가 내려
마당의 흙 기운마저도 흥건히 젖어
술지게미 냄새가 몸에 스미는 날이면

할머니가 웃으며 내밀던
손가락 끝에 달린
허옇고 걸쭉한 막걸리가
고향보다 먼저 생각난다

매일매일 사랑했다

백혈병을 앓는 것처럼
밤거리는 창백하고 우울하다

그 집으로 스며들 듯 돌아가는 시간
아침에 켜두고 나온 형광등 불빛이
야윈 문틈으로 마중을 나오고

종일 저 혼자 빈 집을 지키느라
파리하니 창백한 불빛

숨이 멎을 만큼 싸늘한 바람이
기웃거렸던 문 앞에서
서로의 소리를 껴안으며 안심한다

당신의 숨소리는 오늘 괜찮은가요
혼자 걷는 소리가 낯설지는 않은가요

나의 말을 들으며

나와 함께 돌아오는
나의 발소리

사는 건 늘 저울 위에서
숫자를 맞추는 것처럼 아슬아슬하고
목숨 값으로 뜨거워진 발바닥을
가만가만 쓰다듬는 동안

신발 길게 끄는 소리와 함께 돌아온
내 방엔
외로움이 짙은 밤처럼 다가와 짐을 내린다

밤은 늘 온건했지만 영혼은 늘 불안했다

달이 본 풍경

그대의 밤은 너무 깊다.
그리움처럼 못 견디게 그리워 할 사람도 없는
신제주 밤거리에서
공중전화 부스를 제 세상인양 끌어안고
통곡하는 사내

아직은 젊은 시간, 축축한 거리에 무릎을 대고
늘어진 수화기 저 편으로 눈물을 전송한다.
술 취한 놈들이야 더러 그럴 수도 있다.
몇 년 전에 독하게 뿌리쳐버린 애인의 얼굴이 느닷없이 생각났거나
옥양목처럼 하얗게 바랜 늙은 어머니 생각이 났다면
더러 그러기도 하겠지만 그런 건 아주 옛날 전설 같은 이야기다.
요즘은 잊는 것이 생각하는 것보다 쉬워서
그대처럼 엉엉 목 놓아 우는 순진한 사내가 없다.
떨어지는 동전처럼 딸그락거리던 말도 멎고
그대의 울음소리를 타고 넘어올

다른 세상의 위로도 여분이 다했는지
잠잠해진 수화기를 바라보는 사내는 입술을 꾹 다물고
유리창에 붙은 대출광고 스티커처럼 벽에 기대앉았다.

죽순같이 자라나는 빌딩을 먹어치우면
잃어버린 것들을 찾을 수 있을까.
빌딩마다 걸린 긴 광고가 사내의 눈빛처럼 펄럭거렸다.
허공을 부여잡고 일어선 사내가 고함을 치고
사내의 음울한 목소리가 공간을 가르며 지나갔다.
우뚝 섰던 사내의 몸이 돌아온 목소리에 채어 휘청거렸다.

마침내 마천루 끝에 걸린 달처럼
어름산이가 된 사내
둥그레 덩실, 둥그레 덩실 얼쑤 얼쑤
줄타기를 한다.

휘영청, 휘영청 휘청거린다.
누구도 알 수 없는 언어로 사내는 추임새를 내지르고

눈길은 빌딩 끝 너머에 걸린 달을 보다가
그만 줄에서 떨어져, 그만 그만
사내 일어서지 못하고 만다.

| 제2부 |

옹이

가을의 직설화법

사랑했던 마음을
다 모아
끝내는 천지를
모두 태워버린
붉은 발화의 정점
지난 시절이
진정 푸를 수 있었던 것은
너를 향한 그리움
변하지 않았던
사랑 때문이었다

겨울 애상·1

하루 종일
우두커니 있으면
거울처럼 마주 앉아
눈 맞추며 말 걸어 줄
사람
그립다
꼭 네가 아니라
누구여도 좋을 것만 같은
지금
찬 서리로
하얗게 꽃을 피운
유리창에
겨울비 한 줄기
흩뿌리며
무심히 지나간다

그대가 그립다

겨울 애상·2

그대 떠난 발자국 위로
삼십 년을 묵힌 눈이 내린다

무거운 것들의 중심은
움푹 패인 상처의
흔적을 메워 주는 일

가난한 땅 위에 마음을 심는 일

나의 가을

네가 나에게 온 지금
우리의 시간은 가장 빛났다

많은 날들 중에
오직 너를 사랑할 수 있는
기억들로 계절은 깊어가고

너는

벽에 기댄 가을 긴 그림자처럼
숨죽인 채 떨고 있었고

돌부리에 채어 넘어지는 아이처럼
자꾸만 말을 더듬었고

목이 매어오는 울음을 삼키듯
가슴을 안타까이 어루만졌다

수줍은 너의 말이 머뭇머뭇
내 앞에 다가와 섰을 때

너는

흙 속을 파고드는 나무뿌리처럼
떨림으로 젖어가는
내 눈빛을 따라
가슴 속에 난 길을 걸어왔다

사랑이라는
몇 계절 빛바랜 역을 지나쳐온
아주 맑은 가을

산수국

한라산 둘레 깊은 길섶에
푸른 산수국은 안개비에 젖어도
바람에 흔들린다
잘디잘게 부서진 꽃잎만으로는
애처로운 사연 다 전할 수 없어
제 마음 아닌 마음을
덧대어 붙이고

사는 게 다 그렇지
어찌 다 보여주며 살아졌던가
부서지고 멍든 가슴은
헛꽃 몇 장 밑에 숨겨두고
헤살헤살 아무렇지 않은 듯
잔바람에도 파르르 떨리는
헛꽃이 되어
푸른 심장이 되어

무정

어스름 저녁
아무 생각 없이
내 앞을
터벅터벅 걸어가는
긴 그림자

서귀포에선 밤을 기다린다

지붕이 낮은 낡은 여인숙
하얀 선팅을 한 미닫이 문 사이로
가정집 소파가 보인다.
마당이랄 것도 없는 작은 터에
잡초들이 듬성듬성 게으르게 나있고
담장과 담장을 잇는 문이
누구랄 것 없는 당신을 기다리다
힘겨운 듯 털썩 주저앉았다.
좁은 올래가 유난히 길어 보이는 밤
서귀포에만 있다는 청록색 하늘이
기웃기웃 별빛을 달고 와
가난한 호주머니를 털어내듯
구름 한 장을 간신히 들여보낸 후
기-일-고 가느다란 바람이
발꿈치를 들고 소리 없이 지나가면
서귀포의 동화 같은 밤이 깊어간다.
새벽까지 밤은 좁은 골목길 입구에 서서
너무도 다정한 외로움에게 손을 내밀고

시린 가슴 한곳이 따듯하게 부풀어 오를 때까지
사소한 것들이 웃음소리를 덧칠한다.
보잘것없이 헐거웠던 하루끼리
여전히 보잘것없는 어깨를 쓰다듬는
한적한 거리에서 중섭의 낡은 뒷모습을 본다.
어제와 오늘 그 사이
누군가는 거리에 떨어지는
별들을 줍기도 할 것이며
누군가는 별들이 왔던 거리로
돌아가기도 할 것 같은
서귀포에서 나는 밤과 밤사이를 걸어가고 있다

압화

누구의 상상이었던가
물관 속에 흐르던 투명한 사랑을
섬뜩하게 잘라 비끄러맨
멈춤

멈춰진 시간 속으로 나를 밀어 넣고 싶다

그리하여 나는 너
그러니까 이생에서 단 하나
너의 가슴에서 지지 않는
꽃이고 싶다

그대 앞에서
바스러져버리는 먼지가 될망정
잊히지 않는
그대의 사랑이고 싶다

오늘을 그대라 하겠네

창가를 지나는 모든 것들을
오늘은 다 그대라 부르겠다

시간이 기움에 따라
벽 쪽으로 기대가는 햇살의 그림자를
저녁이 옴에 따라
가슴 가까이로 젖어드는 소쩍새 소리를
어둠이란 이름으로 물들어가는 붉은 하늘을
아무도 몰래 내뱉는 뜨거운 숨처럼
잔잔히 퍼져가는 저녁의 무늬들을

오늘은 나 그대라 하겠다

알작지바닷가의 별들은

수많은 이야기들이 다가오는 소리를 듣고 있습니다.

자그락 자그락 구기적 구기적

감출 수 없는 이야기들이 밀려와
낱말들 사이사이로 스며들고
당신과 나도 그 낱말들 사이사이에
우리의 이야기를 하나씩 풀었었죠.
우리의 것이 아닌 이야기들과
우리의 밖에 있는 이야기들과
우리만의 이야기들과
당신은 당신만의 이야기
나는 나만의 이야기 그리고,
우리 모두의 이야기가 아닌 것
가질 수 없는 것과 꿈꿀 수 없는 것들의 이야기들로
아마도 한밤을 다 채웠을 겁니다.
그러고도 할 말이 아주 많이 남아
긴 밤이 더 기울기 전에
당신에게만 보내야할 많은 이야기들이

희부연한 바다에서 헤매다 돌아와

자그락 자그락 구기적 구기적

뒤척이다 새카만 멍울 하나하나로 굳어버린
이야기들을 품었다가
이해할 수 없는 일도 옛 얘기처럼 들려주었습니다.

자그락 자그락 구기적 구기적

당신이 떠날 때의 이야기는 전혀 들을 수 없었지만
그곳을 떠날 수 없는 이유이기도 합니다.

자그락 자그락 구기적 구기적

아직 별이 되어 떠나지 못한 우리들의 이야기와
홀로 남은 별의 안부를 물어봅니다

자그락 자그락 구기적 구기적

이별 후에

세상에 기록될 수 없는
긴 키스를 했고

겨울비는 이별을 하지 않은
사람들의 어깨에도 내렸다

헤어짐이
생각보다 많이 아팠다
별들이 떨어져
송곳처럼 돋아난 거리를
천년을 걸을 것처럼
맨발로 걸었다
거리엔 내가 뿌린
붉은 별들이
새벽이 오도록
잠들지 못했고
나는
두오모성당 찬 계단에

무릎을 꿇고
기도했다

이별은 진정 아름다울 수 없으므로
천년정도는
사랑을 버린 죄 용서하지 마옵소서

옹이

너에게 있어 가장 단단한 심장이고 싶었다

절대로 부서지지 않는 가장 맑은 한 점

너에게로 향하던 고집스런 마음의 결

허술한 저녁이 저무는 시간

우리 지상에서
서로 모르는 사람이 되기 전에
헤어지자
서로 아무것도 모르던 시절이
되돌아오기 전에
서로의 손을 놓지 못하는
그리움으로
돌아서자
지상에서 아직
그대가 나일 것 같을 때
내가 그대일 것 같을 때
슬픔에 겨운 눈물들이
아직 우리의 가슴을 적실 때
우리 지상에서 아주
남남이 되기 전에
헤어지자
우리의 사랑이
더 마르기 전에

흔적

오래 전,
액자를 걸기 위해
박았던 못의 자리
액자는 언제 내려졌는지
기억이 없고
액자를 걸려고
박았던 못도
온데간데없는데
구멍 난 그 자리
녹이 슨 흔적은
선연히 남아있어

어느 날엔가
내 가슴에 박혔던
못의 자리
그 때문에
지금도 아파하듯이
너도 지금

아파하는지

상처는 상처로 남아
내가 얼마나
더 쓰러지고 더 아파해야
나로부터
벗어날 수 있을까

구멍 난 벽이
못의 슬픔을 알고
못이 구멍 난 벽의
아픔을 알 수 있을 때
우리 만나지 않아도
서로의 아픔을
만질 수 있으리

| 제3부 |

폭우

산자고

나른한 현기증이 몸속을 파고들어

울렁이는 봄날

죽은 자의 반듯한 이마 위에서

하늘하늘한 빛을 온몸에 받아들고

끊길 듯 끊기지 않는 춤사위로

다시 생명을 피워 올리는

그대는

살아야했음으로 죄가 필요했던

지상의 모든 어리석은 삶들을 위해

먼지가 되어

일주일째입니다.
책상위에서 먼지가 몸을 잔뜩 부풀리고 있는 것이.
먼저 내린 먼지위에 방금 먼지가 내려앉아
솜털처럼 뽀얗고 가벼운 지층을 만들고 있습니다.
겹겹이 층을 이룬 먼지들은
비집고 들어 설 자리가 없는 견고한 성입니다.
호기심에 손가락으로 훑어버리는
무례한 침입자가 생기지 않는다면
먼지들은 세상에서 가장 가벼운 몸을
서로 껴안고서 돌이 될 수도 있을 것입니다.
바람에 깎인 바위가 가끔 눈에 들어오는 것도
내 안에 먼지를 쌓는 일일 것입니다.
조금씩 나를 허물어 세상에서 가장 가벼운
먼지의 몸을 만들기 위한 일입니다.
어쩌다 손가락 끝에 허물어져 버린
성의 귀퉁이가 있을지라도
먼지는 먼지끼리 엮여서 처음과 같은
뽀얀 지층을 다시 만들어 낼 것입니다.

허물어진 곳이 익숙해질 때까지
먼지들은 허공에서 내려와
저들끼리 켜켜이 쌓이는 일을 계속할 것입니다.
어제는 서풍에 실려 온 먼지 하나가 가슴에 쌓였습니다.
몇 년 전 길가에 쓰러졌던 나무냄새가 났습니다.
더 전에는 아이들의 울음소리가 들어와 쌓이기도 했습니다.
세상의 모든 일들이 소리 없이 들어와
가장 가벼운 몸으로 쌓여갔습니다.
내가 알고 있는 모든 것들이 먼지가 되어
내 몸에 쌓이는 일이 익숙해져 가고 있습니다.
더러는 내가 만든 먼지가 쌓이기도 합니다.
내가 만든 먼지는 아직 많이 무겁습니다.
먼지는 더러 바람에 실려 떠돌기도 한다지만
내 안에 쌓인 먼지가 견고한 성을 만들 무렵엔
아마도 바람이 불 것 같습니다.
폭풍이 지난 후에 더 없이 맑아지는 날처럼
사는 일도 바람이 불 때마다 가벼워진다면
저는 바람 속에 스며든 먼지처럼
한없이 떠돌아다닐 수 있을 것만 같습니다.

머귀나무

—나의 아들에게

나 세상에 살던 묵은 흔적 지우면
내 아들은
누런 베옷을 입고 너를 짚고 서서
미련한 나를 생각할 것이다
어머니로 오직 어머니로만
단 한 순간도
소녀로 여자로 살았다는 생각은 하지 않고
나를 오로지 어머니로만 생각할 것이다
그리하여 나는
세상에서 가장 아름답고 고운
희디흰 어미란 이름으로
아들에게 오직 나의 아들에게
남겨지게 될 것이다

나의 아들은
머귀나무가 가시를 품기 위해
제 몸을 뚫고 나오는
상처를 얼마나 다독였는지

제 몸에 난 가시를 얼마나 매만졌는지
알지 못할 것이다.
머귀나무 마디마다
아프게 새겨 올린
가시에 패인 상처는 보지 못하고
오직 너의 기억을 위해
어미가 가슴에 묻은 어미가 아니었던
이야기도 마치 다 안다는 듯
고개를 끄덕이겠지.
가시의 흔적은 말끔하게 지워졌지만
온몸이 모두 가시였던 날의
진실은 모른 체
새하얗게 빛바래진
머귀나무의 마디를 만지며
어미였던 것만 생각하겠지.

그런데 얘야, 머귀나무는
온몸을 가시로 빼곡히 채운 가시나무란다.

목말을 타다

아버지 산소에 벌초를 갔다.
살았을 적에는
한 번도 아버지와 얼굴을
마주해보지 못했는데
돌아가시니 무릎을 맞대고 앉았다.
황소 같던 어깨를 내리고 누운 자리에
고단한 수염처럼 돋아 오른 풀을 베어내다
아버지 몸 위에
터억 주저앉았다.
뜨겁다, 아버지의 목 언저리가 뜨겁다
아버지 나이가 된 내가
두 다리를 쭉 뻗고 앉아
아버지의 머리를 움켜잡았다.
손가락 사이로 잡히는 아버지의
헛헛한 웃음소리
적막한 묘지마을 속으로 스며들어
들리는 듯 마는 듯
두 눈에 담긴 먼 하늘은

자꾸만 흐려져 가물거리는데

작열하던 태양도 지친 오후
아버지와 어린아이가 되어 놀다가
아버지만 남겨두고
홍건해진 몸으로 돌아섰다.
그림자도 없는 아버지의 배웅이
오늘따라 길다.

바람이 몹시 불어오는 날

나무에게도 즐거운 날이 있다. 마치 우리들이
환호를 지르고 싶은 날이 있는 것처럼
나무들이 수다스런 날은 멀리서 바람이 오는 날이다.
바람이 수많은 이야기들을 방물장수가 보따리를 풀듯이
작은 잎들 사이에 푸르르 풀어놓으면
나무들은 새로운 이야기에 한껏 몸을 뒤흔든다.
아무리 나무의 키가 크고 높은 곳에 있다해도
보지 못하고 듣지 못하는 이야기가
아주 많을 것이다. 많고 많은 이야기 중에서
가장 난폭한 전쟁과 살육의 이야기에는
귀를 막고 몸서리를 치며 통곡을 하고
난민과 기아의 이야기에는 가슴을 부여잡고
뿌리로부터 전해오는 슬픔에 젖어 흐느끼며
우리의 아이들의 작은 손으로 사랑을 나눈 이야기에는
잔잔한 미소를 짓듯이 나뭇잎들을 흔들어 보이는 것이다.
나무의 무수한 흔들림 속에는
하늘을 향해 걸어가는 이유가 있으며
바람이 쉬어가는 걸음의 정처가 있다.

작은 떨림 하나에도
세상을 향해 숨 쉬어야 하는 이유를 나무는 묻는다.
아무렇지 않게 아주 쉽게 이루어지는 것은
세상 어디에도 없다는 것을, 나무는
잎새 사이에 잠깐 부는 바람에도, 자신을
세워 일으키며 험한 세상에서, 우리가 허리를 곧추세워
직립으로 걸어야하는 이유를 보여준다.

바람이 몹시 부는 날, 오늘은

아기 아일란 쿠르디의 어린 몸이

시커먼 겨울바나의 드높은 파도에 떠밀리는 것을

분노에 찬 바람이 품고 왔다는 소식이 들려왔다.

세상의 모든 나무가 몸서리를 치며 울어댔다.

차마 그 소리를 들을 수 없었다. 인간은 만물의 영장이었으므로

무연고 묘지에서

짙푸른 숲 속, 고요는 어둠을 덧입고 있었다.
빛보다 아늑하고 푸르른 고요
풀잎과 어깨를 나누어 세월을 입은 목비들은
정오의 숲을 뚫고 스며든 빛 한 줌을 향해
검푸른 몸을 기우린 채 줄을 섰다.
짙은 죽음을 넘어와서도 줄을 서야만
별을 바라보는 서늘한 경계

아무도 찾아오지 않는 적막사이로
묵은 침묵을 깨듯 시린 바람이 스쳐간다.
무릎을 꿇어 눈을 맞추려했으나
목비의 이마는 무릎 꿇은 발끝에 걸려
제 키를 다 높이고도 한 뼘을 넘지 못한다.

빽빽한 시절 무릎을 잃은 사람이었던가.
목비들의 혼이 꽃으로 피어 바람결에 절뚝거렸다.
바람이 불 때마다 한 쪽으로 깊이 휘는
하얀 개구리발톱꽃

〉

깊은 숲까지 찾아와 간절히 묻고 싶은 말이 있었으나
목울대에서 절룩거리다 주저앉고 말았다.
말이란 것이 아주 하찮다는 것을 알았다.

내 생에 대한 물음 하나
사랑하고자 했으나 사랑하지 못했다.
이름 없는 죽음에 비해
사랑은 얼마나 가벼운 명제인가.

…… 300. 301 …… 378. 379 …… 400. 401 ……그리고
499

이름이 중요한 것은 아니나
불리지 않았던 이름은 삶이 고되었음이고
불리지 못한 이름은 죽음마저도 비루했기 때문이다.
수형인처럼 숫자로 비문을 새긴 목비들

〉

말은 늘 불편했었고
기다림은 늘 익숙했었고
침묵은 항상 가까이 있었으며
내 몸은 언제나
이름 없는 누군가의 무덤이었음을

새의 기억을 기억해야 하는 하루

여름을 반성한다
완성되지 못한 반쪽짜리 성문법을 들고
유효기한을 되새김하는 질기고 낡은 일 년의 중간쯤

투명한 유리창 속으로 쏜살같이 날아간
새의 비상은
알 속의 허공을 비워버리기 위한 날카로운 몸짓이었는가

이내 날개를 접고 긴 비행을 끝내버린 소름 돋는 착륙
깃털이 허공을 잊어가던 시간은 오래지 않았다
새의 기억은 유리창 어디쯤에 머무는가
유리창의 까만 침묵을 향해 노란 햇살이 물었으나

유년 너머의 기억에 갇혀버린 새는 대답이 없다
예기치 않았던 먼 미래에 갇힌 자신의
낯선 비밀을 새는 예지했는가
어쩌면 하늘을 곁에 두고도 늘 하늘을 찾아야 하는
〉

운명 같은 건 아주 당연한 것이어서 발설하지 말아야 하는
비밀인지도 모른다, 천기누설도 죄가 되는 것처럼

새의 침묵은 아주 짧았다, 기억이란
기억하고 싶은 것보다 기억하고 싶지 않은 것이
먼저 떠오르는 것이므로
하나를 기억하기 위해선 두 개 혹은 세 개를 지워야 한다

먼저 허공에 실었던 자신을 지우고
수천 수억의 기억이 알을 인식하기 시작할 때
새의 모든 기억은 아무렇지 않은 듯
멈. 췄. 다.

상실, 떨림이 그칠 때 일어나는 작은 소요
가슴 한 쪽부터 새겨지는 만 개의 지문은
땅 위에 이는 이름 없는
파문
〉

새가 기억하지 못할 나머지 하루는 너무 길다
어깻죽지에서 돋아나는 또 하나의 깃털
새를 향한 어설픈 날갯짓에선
죽은 하늘의 냄새가 비릿하다

어둠 속에 벨이 울릴 때

서툰 잠 사이로 벨소리가 난입했다
음험한 시간을 가리키고 있는 시계의 촉
끝이 뾰족한 것들은 방심한 시간을 겨냥한다
무차별 공격이 시작되고
선잠에서 깬 나는 너의 사냥감
삽시에 턱까지 차오르는 뜨거운 기침소리
가빠지는 나의 심장소리를 겨냥한
너는 목소리만 가진 사냥꾼

똑바로 살아라… 죽고 싶지 않으면……

천년이나 비를 맞은 적 없는 모래알처럼
물을 마신 기억이 전혀 없는 백골의 목소리가
수화기 속에서 흘러나와
귓속에서 메트로놈처럼 똑각거린다

이 순간, 숨 쉬는 것들은 불온하다

생각을 할 수 없다 생각이 나지 않는다
걸었던 발자국들이 모두 몇 개인지
흘려버린 것이 무엇이었는지 기억이 나지 않는다

뚜------ 우 ------

백치 같았던 영혼이 물어뜯기고 심장이 다시 살아났을 때

머리 위로 쏟아지는 무기력한 공포는 어둠보다 더 무거웠다
죽음이 두려울 만큼 크나큰 죄 하나가 절실히 필요했다
길 위에 누웠던 발자국들이 죄다 일어나 걸어왔다

음험한 주홍글씨처럼 돋을새김으로 깨어나는 시간
잡다했던 모든 것들이 비로소 죄가 되었다

춤을 추자, 삶이 미워질 때

감각은 기원전에 잃어버린 말
발에 피멍이 들어 해어지면 더 좋지
영혼은 상처가 깊을수록 여문댔어
무딘 촉각으론 단단히 여며진 옷을 벗을 수 없지
고치의 허물을 벗고 가벼운 몸으로
별빛이 자신의 마음을 허락하는 시간까지
춤을 추자

삶이란 이름을 받아 눈을 떴지만
때론 이름의 무게를 버릴 용기도 있어야 했어
수많은 날들을 다 버리진 못해도
비어있는 행간 하나쯤은 마련했어야 했어
빡빡하고 깨알같이 박혀 시큰거리는
낡은 자서 위에서, 생의
가장 낯설었던 몸짓을 발끝에 모으고
달빛이 자신의 몸을 다 지울 때까지
춤을 추자

〉

불꽃이 불꽃에 기대어 제 몸을 다 태워버리듯
물이 물을 품어 제 몸을 다 풀어버리듯

사는 이유가
오직 그것인 양
그 때문에
사는 것인 양

춤을 추고 싶다

배꼽

사자의 서에서 이르길
부모는 자신이 택한 길이란다
내 부모 되어 주십사
무릎 꿇어 청한 일이란다
내가 이 세상에 태어나는 일이
어머니로 섬기겠다, 서약한 일이란다
태초의 먼지로 돌아들던 전생
수천, 수만 겁의 핏줄을 밟고
마침내 지울 수 없는 인연으로
확인 받은 내 날숨의
첫 흔적
삶, 사랑, 생명, 인연 그리고 무수한 것들의
중심
깊고 까만 세상의 막막함을 지켜주던
고요한 숨소리가
아직도 달그락거리는 오늘
눈빛이 머물지 못하는 가없는 하늘
기억도 할 수 없는 저 먼 땅

우주의 숨결로부터 뼈와 살을 가져와
생의 기적을 터트린 탯줄
내가 당신을 온건하게 마주해야 할
단, 하나의 이유
배꼽

시간을 세는 시간

머릿속을 무채색으로 채색하고
가장 기본적인 양식인 삶이란 형태를
정물로 처리한 다음 혁명가의 시체처럼
벽에 걸려있는 시계 속의 화살이 가리키는
숫자를 따라간다. 마주하고 앉아서
눈을 크게 떠야만 보이는 길이 있다.
마주앉는다는 것은 참으로 곤혹스러운 일이다.
내 안으로 끌어들이기엔 아직 멀리 있어 보이고
너를 그곳에 놔두기엔 내가 불안하다.
아주 정확히 계산을 하며 가는 것처럼 보이지만
가끔은 깔딱고개를 넘어가는 것처럼 숨이 차다.
오늘 정확히 12시 49분 47초는 조금 힘겹다.
봄날 아지랑이 피어오르는 동산을 오르는 것처럼
현기증이 난다. 조금 더. 사십칠 점 오. 힘껏 사십팔.
그렇지. 사십구는 조금 더 숨을 몰아쉬어야한다.
아홉은 언제나 힘들다. 두려움이 가장 큰 숫자다.
나도 아홉마다 힘들었다. 쓸데없었던 것 같지만
지나고 나면 아홉 때문에 살았던 것 같다.

아홉이 지나고 나면 항상 먼 곳이 보였으니까
그래 오십이잖아. 조그만 더 가자.
사람은 오십에서 반환점을 돌고
세상은 육십에서 다시 시작된다.
처음부터 다시 시작이 아니고
새로이 다른 시작의 처음이라는 것을 헤아린다.
하나 . 둘 . 셋 . 넷 . 다섯 .
내가 없어도 너는 늘 그곳이라는 것.
여섯 · 일곱 · 여덟 · 아홉 · 열 · 열하나 · 열둘……
나의 불안은 오직 나만의 것이라는 것.
시간을 붙잡거나 염탐한 것은 아니었지만
늘 시간을 곁에 두고 저축이 가능한 동전을 세듯이
한 닢 한 닢 세고 있었다는 것을 드디어 알아버렸다.
마치 다른 곳으로 새어버리면 안 되는
통장에 쌓여야할 숫자를 세듯이
미리 허송세월이 될 시간의 시간까지도 세고 있었다.

태풍전야

아직 여기에 오지 않는 것들은 조용하다

비의 전언이 먼저 와 건달처럼
걸쩍대며 달라붙는 야비하고 습한 기운
후미진 구석까지 들추어내는 징후의 냄새
몸을 다 가린 새벽
건장한 우레와 번개가 몇 번 지나가고

어젯밤에 울어대던 고양이가
아침에는 하수구 가까이에 누워 있었다
길의 좌표를 잘못 읽었거나 읽혔거나
길 위엔 삶을 가득 채웠던 살과 뼈가
비에 젖은 채 물에 떠가고 있다

당신과 나의 전생에도 이런
모진 바람이 가끔씩 불었을 것이다
하수구에 몸을 박은 고양이처럼
문득 자신의 몸을 버리고

하늘을 오르는 영혼을 보았을지도 모른다

오늘 밤에 부는 바람의 말은
미처 귀 기울여 듣지 못했던
우리들의 이야기인지도 모른다

어쩌면 우리는 고양이처럼 밤새
울어야할지도 모른다
부쩍 키가 커진 원추리가
우리를 볼 수 있을 때까지 우리도
하늘에 이는 바람의 눈을 볼 수 있어야 한다

어제는 늙었으나 오늘이 어제보다
새롭지 않다는 것에 우리는 아파해야 한다
바람이 지나간 뒤에
바람이 오기 전 보다 더 절실하게
더 아파해야 한다

바람은 또 예고 없이 불어올 것이므로

폭우

세 여자가 남의 집 방에 누워 빗소리를 듣는다.
한 여자는 자기 집의 자기 방이었으나
아직은 몇 개월밖에 살지 않아 낯선 곳이다
세 여자는 그녀의 집 그녀의 방에서
천마의 발굽소리 같은 빗소리를 듣고 있다
천마가 잇달아 달려와 두드려대는 천장을 바라보며
이슥히 기울고 있는 밤을 응시했다.
달도 별도 뜰 수 없는 밤
밖에 서 있는 나무가 제 그림자를
방안으로 들여놓고 비에 젖은 몸을 털어낸다.
유리창에 흐르는 무수한 언어들이 투명해서
세 여자가 하는 말들이 맑은 음악처럼 흐른다.
나에게서 들리는 나의 소리가 선명해질 즈음
세 여자가 지녔던 너덜거리던 시간들이
비밀스런 이야기로 변하기도 했지만
울지 말아야 하는 시간이 어둠을 건너와
마음의 울타리에 앉아 기웃거릴 때쯤에는
억센 말발굽들이 달려오는 거친 소리보다

세 여자의 침묵이 더 길고 더 거세졌다.
말하지 않아도 알아들을 수 있는 말이 있었다.
흰 벽에 어른거리다 씻기는 어둠도 있었다.
비 사이를 오고가는 고양이의 절박한 울음도 있었다.
세 여자는 어제와 오늘, 그리고
오늘과 내일 사이에 내리는 비를 바라본다.
마을 하나가 빗물에 잠길 정도로 쏟아지는
빗줄기를 다 헤아려 볼 수는 없었지만
겨울과 봄 사이, 마당가에 내리는 비가
세 여자의 침묵보다 더 강할 것이라는 것쯤은
세 여자 모두 알고 있었다.
판넬지붕을 두느리는 비의 거센 열기가
어둠을 지워져가는 동안
세 여자가 잠들었던 마당가엔
튤립의 푸른 부리를 내밀고 있었다.

순댓국밥집에서의 연가

오늘은
내 남은 인생 중에 가장 젊은 날

가장 낮은 삶의 성터에 내리는 조촐한 저녁
마구잡이로 던져진 술꾼들의 넋두리가
기름때처럼 진득하게 달라붙은 밥집 식탁도
어느덧 귀퉁이가 허물어진 중년이다

사십년 동안 속이 고아지는 걸쭉한 냄새가
큰 양은솥 밖으로 새하얗게 밀려나온다
젊은 속이 헛헛해질 때부터 다른 속을 잘라 먹던
나의 풍경도 연기를 올리며 익어가는
밥집풍경처럼 익숙하다

순대처럼 쌓아올린 불안한 가슴들을 채우며
그림자처럼 마주 앉아 막걸릿잔을 나누는 사람들
텁텁한 하루를 벌어서 타는 목을 적시는 동안
무성영화 영사기 속에 날리는 먼지처럼 뿌옇게

창가에 와 부딪히는 함박눈

삶이 어깃거리던 시간의 벼랑 끝마다
빈 술잔을 채우듯이 홍건한 손 내밀며
설움을 매워주던 그 사람은 어디서
저 혼자 소리 없이 늙어오고 있을까

허락하지 않아도 깊어가는 저녁
시장 뒷골목을 지키던 헐렁한 불빛도
밥집 할미처럼 꾸벅거리는 밤

밤이 차가워질수록 주막 안은 너욱 따뜻해지는
익숙한 이질감은 누구의 감정이입인가
하얗게 김 서린 유리창 너머에선
눈이 흐느끼며 내게로 오는 소리가 들린다

취한 술꾼들이 하나, 둘 자리를 털며 일어서고
그 옛사람 벽에 기대 혼자 앉아있다

삶이 목덜미를 잡아당기는지 자꾸만 휘청거린다
아주 작은 남자가 함박눈처럼 가볍게 흩날린다

| 제4부 |

추상화

어쩌지

손 놓고 넋 놓고
우두커니 사물인 것처럼
소리도 내지 않고
소리 없이 내리는 비를
멍하니 바라보는데

꽃이 핀다
아기가 하품하듯이
꽃잎이 벌어진다

아무 생각도 하지 못하는데
꽃은 피고
아무 말도 할 수 없는데
꽃만 피고

미역이 있는 저녁 풍경

가게 안의 손님이 썰물처럼 빠져나갈 때쯤
눈치 보듯 종일 참았던 전화벨이 울린다
"나여, 아직도 가게가."
조심스럽게 울리던 벨소리보다
더 조심히 안부를 물어오는 목소리

"니 요전에 물메역 먹고 싶덴 허지 안 해시냐."
"……."
"메역이 막 좋아라게."
"게난 또 바당에 가납디가?"
"게민 어떵말이니?"
"에휴, 알아수다."

팔십 평생을 내주어도 미안하기만한 가슴은
관절염 걸린 다리보다 더 깊게 앓아
봄이 멀리 있어서 더욱 시릴 무릎을
차가운 바닷물에 담갔을 게 뻔하다.
해녀의 딸로 태어나 해녀가 되어 해녀로 늙은 어머니

시퍼런 물 밑에 세월을 두고
여자의 삶을 건사하며 지낸 날들을
먼 옛날 옆집에 살았던 지금은 이름도 생각나지 않는
남의 집 얘기하듯 심드렁하게 말하지만
오늘 같이 몸 안에 남아 있는 몹쓸 유전자가
어미란 미련한 가슴을 꼬드기는 날엔
늙어가는 몸은 생각할 이유도 되지 않아
푸른 바다 한 조각이 되어버리는 여자

"바당 아래선 나도 그냥 메역이 되분다. 게난 아맹도 안허여. 이레저레 흔들리당 보민 호루해가 꿈쩍 조무라불곡 또 경 살당보난 이젠 그 한 시상 몬딱 살아져시녜. 경 사는 거여. 사람 사는 게 다 경허주. 무싱거 이신줄 알암시냐?"

누구나 조금씩은 흔들리면서 살아간다며
이리저리 흔들리며 너무 모나지 않게 살아가라고
미역 한 줌을
인생살이 보자기에 꼭꼭 묶어 보냈다.

늦은 저녁 밥상엔
어머니의 짠한 마음만 남아 출렁거린다.

불면, 꿈을 재단한다

잠의 농도를 측정해야겠어요
훅-하고 세게 불어보세요, 정신이 까무룩해지도록
잠이 오지 않는다고 투정하는 당신
달콤하고 나른한 딸기향이 필요하신 것 맞죠
그런데 어떡하죠. 향기를 불면퇴치지구대 서랍에 두고 왔네요
아쉬운 대로 당신의 서랍을 뒤져야겠어요
어차피 모두에게 똑같은 처방이 필요한 것은 아니니까
그렇군요, 당신은 밤을 같이 새자고 치근덕거리는
치한을 퇴치할 꿈이 필요한 거군요
새싹처럼 터져오르는 생각의 주머니를 마구 헤집고 다니는
밤의 건달을 잡아가 달라는 주문이잖아요. 아- 어떡하죠
건달이나 치한을 가두는 곳이 벌써 다 차버렸어요
오늘 밤은 할 수 없어요, 그냥 눈을 뜨고 꿈을 꾸세요
진토가 되고도 남았을 기억들이 일어나
아기유령처럼 까불거리는 것쯤은 애교로 봐주셔야겠어요
한 번 시간의 강을 건너 불면기사의 작위를 받으러

미래의 봉토에 다녀오는 건 어떨까요
혹시, 한 장, 한 장 기워서 완성시켜야 하는
당신의 꿈의 조각보를 직접
재단할 수 있는 영광을 얻을 수도 있잖아요
살면서 가장 암울하고 찬란할 날들을 밤새
자르고 기우며 맞춰가는 일도 신나는 일이잖아요
그렇지만 조심하세요
신나는 일은 듬성듬성 해야 한다는 것을 잊지 마세요
손을 잠시 놓고 천천히 눈을 감고 한숨을 쉬어 보세요
실없는 푸념도 위로가 되었다는 것을 알게 될 거예요

과거에 집착해서 가끔은 날개 없는 활공을 꿈꾸기도 했지만
미래는 여전히 사랑에 실패했던 사람에게도 처방전이 되니
판도라상자 안에 씹다만 껌처럼 붙어 있는
희망이란 단어가 아직도 약이 되고 있다는 것을 잊지 마세요
당신은 그런 약이 있다는 것도 잊어버렸겠지만
가끔씩 미래를 들여다보는 습관은 희망을 보기 때문이래요
불면의 천을 기워서 꿈의 조각보를 재단해 보세요

아이가 실뜨기를 하듯이 천천히 하나씩
희망은 아침처럼 꿈꾸듯 오는 것이니까요

비가 궁시렁궁시렁 오는 날에

새벽부터 비가 왔다
아무 사연도 없는 비가 내리는 것이다
아니다 곰곰 생각해보니 어제,
내가 자른 덩굴의 손이 비를 부른 것이다
덩굴손이 아파서 종일 비가 오는 것이다
아무도 찾지 않아 나 홀로 앉은 방밖에서
그나마 들리던 바람소리도 지우면서

어머니가 생각난다
내가 떠나와버린 사람의 흔적에다 대고
나보다 더 분노를 느끼며 절망하였던 엄니
엄니는 팔십년 하고도 몇 달을 더 살고 있지만
나보다 행복하지는 않다 그저 꿋꿋한
한 남자의 여자였을 뿐이다 하지만
나라에서는 열녀문을 세워주지도 않았고
집 안에서도 자랑스러워하지 않았다
청상과부 바보 엄니
〉

하느님이 생각났다
내가 지은 죗값보다 더 후하게 값을 치러주어서
나를 더 분노하게 만든 보이지 않는 하느님
언젠가 그를 만나면 대차대조표를 보이며
손익분기점에 대해 따질 것이다
내가 죄는 있지만 그래도,
손해가 더 많았음을 증명할 수 있을 것 같다
하기야 사랑만 가득하신 하느님이
경제의 효율성을 알 리가 없지
계산도 못하는 바보 하느님

달팽이 한 놈이 담장 위에서 서성거리고 있다
무지하게 짧은 저 안테나에 걸릴 정보는 없을 것이다
아니다, 비가 걸려들었네. 정보가 새었어.
종일토록 덩굴의 손을 붙잡고 읍소하는 비를 맞으며
달팽이 놈 안테나 세우고 제 흔적지우며
덩굴 속을 파고든다.
덩굴손과 달팽이 놈은 한통속인 것을
애처로운 비님 당신만 몰랐어.

새벽에 고기국수를 만들어서

새벽 1시, 독서실에서 돌아 온
아들의 허한 배를 달래기 위해 국수를 삶았다
고기국수라면 사족을 못 쓸 정도로 좋아하는 아이
아이는 국수를 내놓는 내 얼굴을 물끄러미 쳐다보다

고개를 숙인다, 말없이 먹먹하게 국수그릇 속으로
시험문제의 답처럼 빠져드는 눈물방울
기말시험이 있는 날이었다

세상을 살아보니 이렇다하게 대답할 해답은 없었는데
차마 해답은 없고 해답을 만들어가는
요령만 있더라 말하지는 못하겠고
아이의 너울지는 어깨를 가만히 다독였다

돼지의 뼈와 살을 푹 삶고 삶아 고아낸
뽀얀 국수국물처럼
제 가슴 고아가며 사는 게
세상의 일이다, 라는 말을

목울대 뒤로 꾹 눌러 삼키곤
나오지도 않는 빈 가슴 내밀어
젖 물리듯이
아이 앞으로 국수그릇만 자꾸 밀어 넣었다

시험이 아니었다면 꿀맛 같았을 음식을
아이는 제 마음 보여주듯
젓가락으로 휘젓기만 하고 있다
뽀얀 국물 속에서 국수발은 통통 불어가고
벙어리가 되어버린 입 대신
한숨을 꾹 눌러 삭힌 가슴이 말을 한다
어서 먹어봐, 이놈아.

수묵담채

고랑고랑 콧소리 내며 잠든
늙은 어미 손톱 밑이 검다
볕드는 현관에 바람 벗 삼아 앉아
굽은 등 수십 번 펴고 두드리며
고구마줄기를 벗기다 들었을
풀빛이 검다.

잠이 든 어미 곁에 놓인
검은 비닐봉지 셋
희었다가 푸르다가 검어지던
가슴 아린 줄기들이 얼기설기
소복이 들어있다.

진종일 어미는 젊은 날의
가을 밥상을 차렸을 것이다.
구수한 된장과 버무려진
고구마 줄기나물의 순한 맛을

〉

소슬한 바람너머로
보름밤을 하얗게 도려낸
가을 달빛이
고구마줄기처럼 휘었던
어미의 등을 주무르고 지나간다.

숨비소리

심장이 터질 것 같은
삶을 잠시 멈추고
어찌 될는지도 모를
저승길 잠시 다녀오면
눈물이 왈칵 솟아난다고 했어
한 생이 끝나는 파열을 일으킨다고 했어

도도한 물결 위로 퍼지는
어머니의 어머니들이 남겨온
백골처럼 희디 흰 파문들이
화산석처럼 검고 무거운
전생의 억울함도
징그럽도록 너덜거리는
이생의 가난도
다 받아주는 시퍼런 바다가
살결인 듯 핏물인 듯하다고

바다의 부푼 허파를 끌고 와

막막한 바다 위에다
남방돌고래같이 소리를 내뱉으면
제 숨소리가 들린다고
제 숨소리의 파문을 본다고

장마

진종일 내리는 비도

어둠이 드니 까맣게 물이 들어 보이지 않는다.

비가 저 홀로 어둠에 스며들어 어두워진 것은 아닐진대

어두워진 밤은 생각 않고

보이지 않는 빗소리에 귀를 더 가까이 댄다.

비는 멍하니 소리 내지 않고 내리고

귓속에선 익숙한 빗소리가 저 혼자 맴돈다.

눈을 감으면 더욱 선명해지는 비와 소리

비라고 익혀온 느낌들이 한껏 미세해지고 예민해지면

〉

살갗으로 흘러드는 축축함이 새로 돋아나는 소름처럼 까칠하다.

어둠의 깊이만큼 빗소리는 더욱 선명해지고

밤새도록 비의 길을 따라 가다 만난

새벽은 가로등 불빛 밑에 엎드려 잠시 쉬고 있다.

입맞춤

아주 부드럽게
아주 감미롭게
아주 신선하게
아주 달콤하게
아주 애절하게
아주 강렬하게
아주 뜨겁게

매화꽃잎에 내리는 첫 빗방울이
대지의 심장을 두들길 때
환하게 터져 오르는 생명들이
우주로 내보내는
첫 숨결

한 판 승부

몇 날 며칠
매일 비가 내렸다

아침마다 비를 맞고
후줄근해진 모습으로
학교 가는 일이 지겨워진
아이

잠이 덜 깼는데도
하늘을 바라보며
오늘은 한 마디 한다
하느님,
계속 이러면
나 학교 안 갑니다

새벽밥 먹고 나와 보니
비 그쳤다

물들다

햇빛이 나무를 품어 나무는 한 쪽이 환해졌다

나무는 그늘을 품어 그늘 한 쪽이 서늘해졌다

그늘은 나를 품어 나의 몸엔 그들의 문신이 새겨졌다

나는 의자에 나를 새겨 의자가 내 모습으로 얼룩졌다

제 몸을 다 내주며 기울어져가다

이윽고 자신을 다 지우고 하나가 되며

낮은 곳을 홍건히 적셔가는 부드러운 동질감

사랑한다는 것은

나의 모든 것을 내어주고 너의 모든 것을 품어가는 일

〉

하나가 하나에 기대어 천천히 물들어가는 오후

오후는 아침을 아침은 어제 저녁을

말없이 고요히 다 받아들이고

하루가 되는 것이다

한파

유리창이 겨울을 뽀얀 성에로 인식하고
추위라고 손바닥을 내보였습니다
손톱을 세워 추위를 긁어내는 동안
손톱 밑에는 겨울의 생각들이 하얗게 쌓여갑니다
겨울은 차갑고 냉정했지만 되도록
빨리 이해하고 품어주려고 스스로를 지워갔습니다
겨울의 빠른 이해와 무조건적인 믿음으로
나는 유래 없이 긴 잠을 잘 수 있었습니다
몇 날의 불면증이 나를 떠나갔습니다
굶주림을 잊기 위해 긴 잠을 자야하는 동물처럼
문을 닫아걸고 겨울의 생각들이 빠져나가지 못하게
문풍지로 바람의 어지러운 간섭을 막아버렸습니다
생각이 참으로 많아졌습니다
스스로 단단한 돌이 되기를 바랐던 것처럼
겨울과 나는 한 몸이 되어가고 있었습니다
누구의 이야기도 들을 수 없었으므로
우리의 이야기는 유리창에 쌓이고 쌓여
마침내 유리창 밖도 겨울의 생각들로

가득 채워져 가고 있음을 알게 되었습니다
겨울이 익어가는 동안
우리의 생각도 풍성해져가고 있었고
당신을 그리워하여 보냈던 많은 계절의 스산함도
유리창 밖을 지나가는 흰 달빛처럼
이내 아련해질 겨울 풍경일 뿐이라는 것을
겨울이 나에게 말해주었습니다
겨울이 건네는 위로가 아주 빨리
내 몸에 스미는 동안
나도 겨울을 닮아 맑게 투명해져갔습니다
유리창을 가득 채운 열없는 성에처럼

추상화

깨어진 거울 속에는 피카소의 그림이 놓여있다.
어여쁜 나를 깨우는 수많은 열쇠가 담겨져 있다.

나는 알지 못했다. 내 안에 화가 난 내가 그렇게 많았다는 것을
나는 알지 못했다. 내 안에 슬픈 내가 그렇게 많았다는 것을
나는 알지 못한다. 내가 아닌 얼굴이 그렇게 많았다는 것을
분을 칠한 나, 물감으로 덧칠한 나에게는,

나보다 예쁜 내가 있고, 나보다 착한 내가 있고, 나보다 강한 내가 있고, 나보다 훨씬 괜찮은 내가, 돌아서서 얼굴을 찡그리는 다정한 나, 아름다운 가면을 가진 내가,

촘촘히 박힌 거울에서 로코코의 구슬들을 주워 올리면
빨간 피가 흐르는 얼굴을 볼 수 있다.
피카소가 생기발랄한 색으로 '우는 여자'를 그렸던 날에
적어도 나만큼은 아직 착한 여자였음을 고백한다.

〉

도라 마르의 마음을 알 것 같다. 피카소의 우울을 알 것 같다.

피카소를 사랑한 불안을 알 것 같다. 사랑하려는 피카소의 이중성을 알 것 같다.

도라 마르가 울던 날, 피카소가 화를 냈다 그랬나? 짜증을 냈다 그랬나?

도대체 남자라는 것들은? 그리고 여성의 마음이란 건!

우는 여자가 완성이 되었던 날에 누군가는 떠나고
나는 아직도 예쁜 여자였음을 고백한다.
깨어진 거울을 보기 전에는
아직 거울 밖에 있는 온전한 내가 나일 것이라는 착각이 컸으므로
수많은 내가 나를 보고 울기 전에는
내가 웃는 것이 가장 나 같다는 생각이 아주 컸으므로
돌아와 구슬들을 줍고 있는데, 구두 발자국소리

그가 떠났다, 아니 도라 마르가 떠났다, 아니 내가 떠났다.

화엄

모든 것들의 절정은

끝났다는 마침표를 찍는

순간이다

보라,

떨어져 누운 꽃들이

지상에 찍은

절정을

| 제5부 |

폭설

도륙되는 시간들

연좌제

빨갱이는 빨갱이를 낳는다고
아무 것도 모르는 젖먹이까지 죽이고도 모자라

소급하라

빨간 것이 뭔지도 모르고 이념이 뭔지도 모르고
제대로 배우지도 못하고 오직 인간으로 살다가
삶이 다해 죽은 죄밖에 없는데
빨갱이 새끼 어미라고
빨갱이 새끼 연줄들이라고
이끼 슬어 퍼렇게 된
비석을 돌루 쳐서 깨부수는 침시를 낭한 이덕구 일가

역사

저기 먼 조선시대에
나라에 반역한 사람들에게나 일어나는 일이겠거니 했는데
아무것도 모른 에미는

새끼 때문에 나라에 반역한 죄를 받고
집안에 나라를 들먹인 죄인들이 되어
역사에 길이 남게 되었다

교육

바른 일은 바르게 서야 하고
올바르지 않은 일도 잘 알아야 하고
억울한 일은 늦어도 풀어야 하고
어느 것도 거짓된 것 없이
오직 정직하게
가르치고 배워야 한다고 알고 있는데
우리 지금 그러고 있는가

지금

이 시대가 가고 있는 이 길
정녕 우리가 알고 있고 우리가 원하고 있는
그 길이 맞는 것인가
〉

예전이나 지금이나 달라진 것이 전혀 없이
똑 같은 시간 속에
똑 같은 삶을 살아가는 것 같은
일어설 줄 모르는 세월

사내의 이름

숲속에 어둠이 내린다
사위는 기괴하리만치 적적하다
저녁연기를 피웠던 망개나무의 희나리는
다 날려 흔적도 없다
깨어진 그릇이 제 속의 진실을 열어 보이고
여물지 않은 봄볕만이 그가
지상에 남긴 숟가락 위에 소복이 쌓인다
냉정하리만치 싸늘한 숲의 적막 속에서도
기나긴 희망이 나뭇가지마다 깨어나고
봄 향기는 열기를 다해 피어난다
동백은 절정을 향해 붉게 물들었고
누구도 동백의 붉은 색에 대해
이유를 묻지 않았으며
단 한 번의 낙화에도 애태우지 않았다
세상에 대해 우리는 늘 이렇게 덤덤해야 한다
동백은 그냥 동백이란 이름을 가진 꽃이고
봄날 가장 붉게 타오를 수 있는 꽃이므로
동백에겐 살아야할 가장 정직한 이유이다

누구에게나 살아가는 이유가 있듯이
누구에게나 해야 할 몫은 있었던 것
봄바람이 지날 때 꽃잎이 열리는 것처럼
검은 밤하늘의 별이 더욱 빛나는 것처럼
그가 해야 할 일이 그것이었다
젊은 피를 요구한 역사가
운명처럼 짊어준 이름 장두는
푸르렀던 사내가 제주의 핏빛 사월과 바꾼
이름이었을 뿐이다

사랑하는 것은 너무 멀리 있다

햇빛 난무하게 쏟아지는 사월
타박타박 발끝에 시름 실어
흙먼지를 내며 걸어간다
구불구불 뱀처럼 휘어진 길은
허물을 벗지 못한 채 누워 있다
등허리에 박힌 높디높은 펜스 너머가
구럼비라 했지
강정마을의 어른들이 꿈을 키우며 놀던
놀이터라고 했지
강정마을의 아이들이 꿈을 키울
놀이터라고 했지
강정마을의 부모들이 아이들에게 꼭 물려주고픈
미래의 삶이라고 했지
강정마을의 사람들이 우리 모두에게 전해주고픈
평화라고 했지

내가 사랑하면 우리가 사랑할 수 있고
내가 노래하면 우리가 노래할 수 있고

내가 손을 잡으면 우리 모두가 손을 맞잡고
하나가 되고 세계가 될 수 있고
우리가 평화로우면 모두가 평화로울 수 있고
우리는 그 하찮은 말다툼도 하지 않고
살아갈 수 있을 거라고 믿었지
평화란 가면을 쓰고 평화를 깨트린
화약의 거대한 폭발음에 찢겨져 나간 후
구럼비의 식구들이 모두 떠나기 전에는
우리는 모두 그렇게 믿었지

사랑하는 것들은 너무 멀리 떠나고 없다
형제도 이웃도 웃음도 다정스런 눈빛도 구럼비도 구럼비의 식구들도 아이들도 꿈도 삶도 평화도 사랑도

사월의 기도

주인 없는 묘비가 이름만 새긴 채
서있습니다.
고향 사람 어깨에 밀리며 치이며
난생 처음 육지에 있는 형무소로 가던 날도
오늘처럼 비가 왔을까요.
뱃전을 두들기는 파도소리도
오늘과 같았을까요.

오늘은 어떤가요. 그때보다 괜찮은가요.

같이 먹고, 같이 자고, 같이 살고
같이 마주보며 웃기를 원하신다면
신이여!
이제는 같은 목소리로 말하고 대답하게 하소서.
서로에게 애달픈 마음을 가지게 하소서.
다 같은 고향의 아픔을 이야기하게 하소서.
다른 마음으로 서로를 가리키는 손가락을 거두어
한곳으로 향하게 하소서.

진실을 알게 하고 진실만을 말하게 하소서.
긴 세월 동안 이해하지 못하고
가슴만 쓸어내리던 이야기들을
이제는 둘러앉아 편한 역사의 시간으로
배우게 하소서. 그리하여 이제는 더 이상
서로 반목하는 날이 이어지지 않도록 하소서.
이미 세상에는 없지만 내 형제자매들
어버이와 이웃들이 더는 수형인이 아니었음을
우리들의 자손에게 눈빛을 마주하여 말하게 하소서.
잔인한 세월도 버릴 수 없는 역사로 남아
한 페이지에 기록되게 하소서.
그리하여 사월에는 우리 모두가
진정으로 하나 되게 하소서.
이제 사월에는 하늘도 더는 눈물 흘리지 말게 하소서.
잊으라 하지 말고 눈을 감으라 하지 말고
말하지 말라 하지 말고
편히 무릎 맞대고 앉아 함께 하게 하소서.
〉

사월의 깊은 밤하늘에 낯익은
별똥별들이 줄을 이어 쏟아져 내립니다.
사월입니다.

독거, 삶의 안을 들여다보다

1.

달팽이 기어간다, 사생결단의 의지로
지평선에 해 돋아 오른다, 개의 혓바닥처럼 붉게
달팽이 자서를 쓴다
되도록이면 아주 길게 화려한 만연체로
달팽이의 생은 실크로드다, 겉모습만 그럴싸한
목마름의 한 귀퉁이에 간직한 끈덕진 생
붉은 해는 날름날름 한 치의 오차 없이 솟아오르고
이슬 한 알에도 바스러질 투명한 집이 힘겹다

아마 오늘이 마지막일 듯싶다, 내 젊은 날들아
성수리에 비져드는 햇살이 목숨처럼 뜨겁다만
집에 남아있는 마지막 한 줄의 자서를
시멘트 담벼락에 투항의 백기처럼 올리고
아름다운 비행을 꿈꾸던 오전 열시의 시공엔
날개를 달고 있는 추락은 없었다

〉

2.

수국이 시들던 여름
늙은 남자의 집, 문밖의 도시락은
체크무늬처럼 간결하고 가지런하다
다만 먹어줄 사람을 기다리는 밥알들이
지겨움을 견디지 못해 발효를 부풀리고 있다
남자의 방 주변은 주말 내내 지루했다
세상을 향해 떠듬떠듬 마침표를 찍어가던
어제 오전 열시

장마를 견딘 해가 오늘은 중천에서 빛났다
갑작스런 문밖의 어수선한 활기가 황급히 문을 열어젖혔다
단정한 방문객과 슬리퍼를 신고 나온 사람들은
폴리스라인 밖에서 남자가 남긴 냄새에 코를 틀어쥐고
알지 못하는 눈빛으로 웅성거리지만
확실한 것은 남자의 어디에도 날개란 것은 없었다

〉

3.

늙은 남자는 어두운 집 속에 갇히고
달팽이가 없는 달팽이집은 투명하고
여름의 오전 열시는 한낮보다 뜨거웠다

떨어져나가는 모든 것엔
아스라한 절벽의 기억이 있었을 뿐이다

아카시아 잎

나는,
너를 사랑한다
　　사랑하지 않는다
　　사랑한다
　　사랑하지 않는다
　　사랑한다
　　사랑하지 않는다
　　사랑한다
　　사랑하지 않는다
　　사랑한다

마지막 남은 잎 하나

　　　사랑하지 않는다

그렇다, 사랑하지 않았다
너를,
내가 너를 지금 이렇게 가슴이 에이도록

그 때도 사랑했다면
사월, 그 차디찬 봄 바다가
너를 그렇게 지워버릴 때까지
무참히 그냥 버려두었을 리 없다
아카시아꽃만 흐드러지던
사월, 봄날에 말이지

수다가 있는 우리들의 저녁

우리들이 즐기는 저녁은 구수하고 차졌다
맛있는 말들이 식탁 위에 풍성했고
우리는 가장 맛있는 말을 먹으며
달큰한 술잔을 기울이며
웃음을 나눠먹고 인생을 나눠가졌다

뼈가 아플 만큼 애가 삭을 만큼
콤콤한 냄새를 풍기는 시간들을 먹어치우며
우리들의 삶이 감칠맛 나는
이름을 가진 날들이었음을

어둠처럼 익은 시간들을 꺼내어
우리들의 접시에 담고 만지작거린다
묵주를 만지며 삶을 통회한 적은 없지만
우리들의 시간들을 꿰어 만지며
가슴에서 달그락거리는 낯선 소리에 멈칫거린다

시간은 저물어

또 시간 위로 덧칠되거나 쌓여가고
우리는 혼자의 길을 위한 귀로를 결정하지만
우리들의 수다가
최하위거나 최상위에 속한 적은 없었다

술 향기 가득 베어 문 당신의 목소리가
코끝을 지나가는 늦은 저녁
역시 사랑이다

치졸한 시대의 자화상

치우라!! 그만, 그만, 그만,

세상은 입을 다물라고 휘젓던 손이
맥없이 식탁에 얹힌다.
쓸데없다고 비웃던 세상살이에 사래가 걸린 듯
불안한 마음이 술잔을 부여잡는다.
살이 굳어 툭 불거진 손마디가 그의 직업이다.
입 속으로 들이붓는 소주잔마다
아이들의 얼굴이 목을 타고 넘어가는지 그는,
우리 아이가 말이다, 우리 아이가 말이다 하다가
더 잃을 게 없다는 듯이 고개를 떨군다.
조심스럽게 흔들리는 사내의 어깨에
가만히 쏟아지는 봄밤
소리 없이 채워지는 술잔

세상은 침묵에 익숙해져가고
삶은 늘 그렇게 비굴한 모습으로 돌아다니다
가장 우울한 날에 치명적인 약점으로 다가와

신발을 벗고 등을 기댄다.
가장 깊숙한 곳에 넣어두었던 그나마
마지막이라 할 수 있는 곳에 칼을 들이미는 양심
예각처럼 도려지는 몇 개의 살점에도
붉은 피의 흔적은 드물고
양심의 냄새 또한 나지 않는다.
사내는 아이를 움켜잡았는지
쓴 소주를 넘기는 목울대가 울컥거린다.

아이들은 아직 닳지 않은 뒤축을 구겨 넣고 떠났고 어른들은 어디에도 보이지 않는다

오늘보다 내일에 더 비굴해지는 어른들의 뒷모습에 섞여 내가 걸어간다.
오늘보다 내일에
더 비굴해질 것임을 안다.

환지통

지난봄 허공을 움켜쥐었던 뻬드러진 가지가 보기 싫어
헝클어진 머리를 자르듯이 나뭇가지를 잘라냈다
사람이 보기에는 산뜻해서 좋았으나
말 못하는 나무는 겨우내 제 속에 모아두었던
투명한 눈물을 왈칵 쏟아내었다
좀처럼 마르지 않을 것 같은 비린 눈물이
손등으로 떨어져 축축이 번져갔다
이월 스산한 볕이 시름을 달래듯
눈물자국을 말려주었다
나무의 눈물이 이월 볕처럼 순해지고
하루, 이틀이 싱거운 듯 마냥 지나간 후
제비가 돌아와 집을 짓고 꽃비가 내리던 날
아픔을 내보이듯이 가지 끝이 흔들거렸다
나무의 기억은 늘 새롭게 움터오는 봄처럼 절절해
잃어버리고 빼앗겨 버린 것들은 다시,
여린 잎이 되어서 허공을 단단히 물었다
절실한 봄이었으므로
나무는 온힘을 다해 버티며

허공을 온통 초록으로 물들이고 있었다

잘려나갔던 봄이 어마어마한 봄이 다시 돌아왔다

폭설, 2011년 겨울

사람이 죽었다

직장에서 자리를 잃은 실직자가
가정에서도 자리를 잃은 지 몇 년
갈 데 없이 거리를 헤매다 찾아 든
온기 없는 쪽방에서 벌레처럼 웅크린 채
얼어 죽었다

며칠 동안 아무도 몰랐다

시나리오 작가인 젊은 그녀가
꿈을, 뜨거운 가슴에 품고
차가운 지하 월세 방에서
남은 밥과 김치가 있으면
조금만 달라는 얘기를
남의 집 문고리에 조심스럽게 걸어 둔 채
병과 배고픔으로 죽었다

〉

며칠 동안 아무도 몰랐다

창 밖에선 눈이 내려
목화송이 같은 눈이 내려,
흰쌀과 같은 눈이 몇 만석이 내려,
문 밖에 수북이 쌓였다

2011년, 백년만의 추위를 뚫고
사람들의 온기를 나눌 설이 오고 있는
어느 날, 우리는 말하기에 부끄러운
사람들의 얼어 죽고 배고파 죽은 이야기를
눈보다 더 많이 추위보다 더 강하고 시끄럽게
누구의 탓인 양 목소리만 높이고

아무도 울지 않는 2011년의 겨울.
쇠잔한 어깨 위에만 쏟아지는 눈 더미처럼
짊어지고 가야할 빚만 가득한 정월

|해설|

자연스러움을 넘는 자연스런 삶의 비의

—김영미의 시세계

고명철 | 문학평론가·광운대 국문과 교수

1.

자기를 그윽하고 내밀하게 성찰하는 글쓰기로서 시만큼 안성맞춤인 것은 없다. 김영미의 시집 『물들다』를 통독하면서 새삼 시를 에워싼 근원적 물음들과 마주한다. 자기의 민낯을 대해야할 뿐만 아니라 알몸을 응시해야 하는 서 뻔뻔함과 두려움, 그리고 자신도 모르는 새 탐닉하게 되는 나르시시즘 속에서 시는 특유의 존재 가치를 얻는다. 그렇다고 주관의 세계에 매몰되어서는 곤란하다. 주관과 객관의 세계에 대한 팽팽한 긴장을 놓지 않은 채 시인의 언어는 어떤 리듬을 타고 어떤 곡조를 생성하면서 시적 진실의 경이로움을 만날 채비를 해야 한다.

숨을 쉬는 것들에게는
극한의 고통이 하나씩 있어
혼자임을 잊게 할
극진한
나의 내가 있어야 했다
신도
외로움에 지쳐 자신을 닮은
사람을 만들었다지 않은가
사람이었기에
외로울 수밖에 없는 천형
혼자서는 견딜 수 없는
지상의 모든 별들에게

—「그림자1」 부분

캄캄한 밤,
가로등 불빛 홀로 남겨 놓고 내가 간다
나의 등 뒤에서 쉬엄쉬엄 오던 네가
내 발걸음이 걱정스러웠는지 앞으로 나섰다
나보다 먼저 네가 길을 간다
점점 야위어지는 모습으로 네가 간다
터벅터벅 조심스레 네가 간다
내 삶을 짊어지고 나를 닮은 네가 간다
우쭐우쭐 겅충거리며 네가 간다
내 지난 일을 살풀이하듯 움씰움씰 네가 간다

살금살금 소리 없이 네가 간다
내 어설픈 고독을 나무라며 네가 간다
내 보잘것없는 미래를 바라보며 네가 간다
어제도 너였고
오늘도 너이고 그리고 또 너일 것이다

—「그림자2」 부분

김영미 시인에게 '그림자'는 김영미 특유의 시적 진실을 만나도록 하는 시적 퍼스나의 역할을 수행한다. 지상에 존재하는 "숨을 쉬는 것들"의 "극한의 고통"이 있는데, 그것은 세상에서 "혼자임을 잊게 할/극진한 나의 내가" 존재하는, 즉 '그림자'다. 흔히들 '그림자'는 실체가 아닌 이미지로 간주됨으로써 객관세계의 진실을 호도하고 심지어 거짓을 진짜로 둔갑시키도록 하는 착란과 착종을 일으키는 것으로 인식되곤 한다. 플라톤의 동굴우상이 이것을 가리키고 있다는 것은 새삼스러운 일이 아니다. 그런데, 김영미 시에서는 이러한 '그림자'에 대한 해묵은 인식이 전복되고 있다. 김영미 시인에게 '그림자'는 시적 화자인 '나' 안에 존재하는 자기이면서 동시에 '나' 바깥에 현현되는 자기, 달리 말해 '나'의 또 다른 '나'인 셈이다. 비록 '그림자'는 여러 형상으로 자신의 모습을 드러내면서 어느 것이 진짜 자신의 모습인지 확연히 보여주지 않지만 시인에게 그 다양한 형상은 진짜를 현혹하고 위협하고 조롱하는 위험한 타자가 아니라 가로등 불빛을 뒤에 둔 채 나와 함께 밤길을 가는 '나'의 또 다른 '나'이다. 그 밤길을 걸으며 '나'의 '그림자'는 '나'의 과거와 현재 그리고 미래를 바라보며 함께 간다. 때문에 시인은 "터벅거리는 발걸음마다 울먹였던 검은 정적/나를 가장 사랑한 네가 거기 있다"(「그림자·2」)는 기쁨에 전율한다.

2.

이렇게 자기의 세계에 대한 새로운 발견은 타자를 향한 연민과 사랑을 지닌 열림의 태도로 이어진다.

> 바라미 몹시 부는 날, 오늘은
>
> 아기 아일란 쿠르디의 어린 몸이
>
> 시커먼 겨울바다의 드높은 파도에 떠밀리는 것을
>
> 분노에 찬 바람이 품고 왔다는 소식이 들려왔다.
>
> 세상의 모든 나무가 몸서리를 치며 울어댔다.
>
> 차마 그 소리를 들을 수 없었다. 인간은 만물의 영장이었으므로
>
> —「바람이 몹시 불어오는 날」 부분

우리는 세계 외신들에 의해 타전된 한 장의 충격적 사진을

좀처럼 잊을 수 없다. 시리아 내전에서 목숨을 건 탈출을 하여 지중해를 건너다가 터키 해변가에 엎드린 채 시신으로 발견된 세 살 남짓한 어린애 아일란 쿠르디의 사진을 보면서 전쟁의 상처와 고통을 상기해본다. 전쟁의 아비규환을 피해 목숨을 건 탈출 속에서 아일란 쿠르디를 보호하고 보살펴줄 사람은 없었을까. 대체 무슨 일이 있었기에 이 어린애는 해변가에서 싸늘한 주검으로 발견된 것일까. 시인은 허탈하고 슬프고 분노한다. 전쟁이 무엇인지도 모른 채 아직 세상에 대해 이렇다할 인식도 정립되지 않은 순진무구한 어린애의 죽음에는 만물의 영장인 인간의 폭력이 원인으로 작동하고 있기 때문이다. "비겁이 난무하는 오늘날에는"(「귀가 가렵다」) 폭력이 세계 도처에 자리하고 있다. "나와 다른 것들에 관한 두려움의 보고서"(「귀가 가렵다」)는 '다른 것'을 축출하고 제거해야 하는 폭력의 명분을 양산할 뿐이다. 그렇게 우리들의 세상은 서서히 죽음의 기운으로 팽배해진다.

하지만, 시인은 이 죽음의 기운이 팽배해질수록 이것에 응전하는 시적 저항을 멈추지 않는다. 그것은 김영미의 시적 퍼포먼스에 초점이 맞춰진다.

나른한 현기증이 몸속을 파고들어

울렁이는 봄날

죽은 자의 반듯한 이마 위에서

하늘하늘한 빛을 온몸에 받아들고

끊길 듯 끊기지 않는 춤사위로

다시 생명을 피워 올리는

그대는

살아야했음으로 죄가 필요했던

—「산자고」 전문

시인은 "지상의 모든 어리석은 삶들을 위해" "다시 생명을 피워 올리는" '춤'을 춘다. 물론, 이 춤은 죽은 자를 재생시키는, 즉 부활의 제의식祭儀式의 성격을 띤 춤사위다. 시를 쓰는 이유는 바로 여기에 있다. 현상적으로 스러지고 소멸해간 것들을 영원한 죽음으로 내모는 게 아니라 그 죽음에 깃든 부정한 것을 일소하고 소생의 기운을 불어넣는 제의적 행위야말로 시작詩作에서 결코 과소평가할 수 없는 시의 존재가치다. 그렇다면, 이 춤사위는 어떠한 것일까.

삶이란 이름을 받아 눈을 떴지만

때론 이름의 무게를 버릴 용기도 있어야 했어
수많은 날들을 다 버리진 못해도
비어있는 행간 하나쯤은 마련했어야 했어
빽빽하고 깨알같이 박혀 시큰거리는
낡은 자서 위에서, 생의
가장 낯설었던 몸짓을 발끝에 모으고
달빛이 자신의 몸을 다 지울 때까지
춤을 추자

—「춤을 추자, 삶이 미워질 때」 부분

이러한 춤사위에서 갑자기 그리스인 조르바가 떠오른다. 조르바의 춤은 그와 그의 시대를 억눌렀던 일체의 모든 것으로부터 자유롭게 풀려 있고자 했던 해방을 갈구하는 신생의 춤이다. 살아가는 순간 그토록 무겁게 짓누르는 생의 무게를 잠시 덜어두고 빽빽한 생의 간극을 애오라지 넓혀두는 그 여유는 "생의/가장 낯설었던 몸짓을 발끝에 모으고" 온몸으로 추는 춤사위라고 해도 과언이 아니다. 김영미 시인의 이 제의적 춤사위는 아버지 산소에서 벌초를 하면서 돌아가신 아버지를 대상으로 한 목말타기 놀이를 하는 환幻으로 구체화되고 있다.

횡소 길딘 어깨를 내리고 누운 사리에
고단한 수염처럼 돋아 오른 풀을 베어내다
아버지 몸 위에

터억 주저앉았다.
뜨겁다, 아버지의 목 언저리가 뜨겁다
아버지 나이가 된 내가
두 다리를 쭉 뻗고 앉아
아버지의 머리를 움켜잡았다.
손가락 사이로 잡히는 아버지의
헛헛한 웃음소리
적막한 묘지마을 속으로 스며들어
들리는 듯 마는 듯
두 눈에 담긴 먼 하늘은
자꾸만 흐려져 가물거리는데

—「목말을 타다」 부분

이 시를 음미하고 있으면 웃음이 절로 배어나온다. 아버지 산소에 돋아 오른 풀을 움켜잡는 행위는 아버지의 머리를 움켜잡는 행위로 이어지고, 이내 시적 화자는 유년기로 돌아가 아버지의 목말을 탄다. 아버지의 산소에서 시적 화자는 아버지의 목말을 타는 몽상에 사로잡히는데, 이 목말타기 놀이는 유년기로 퇴행하는 성격을 띤 게 아니라 "아버지 나이가 된 내가" 그동안 숨가쁘게 살아온 삶에 잠시 호흡을 가다듬는 성찰의 계기를 통해 소생하는 삶, 즉 자신으로 하여금 신생의 기운을 북돋우도록 하는 현실적이고 미래지향적 제의적 성격을 띤다. 다시 말해 이 목말타기는 제의적 춤사위로 보아도 무방하다.

3.

이렇게 신생의 삶을 추구하는 시인의 시적 퍼포먼스는 세상에 존재하는 모든 것들에 대한 생명의 엄숙한 가치를 자연스레 주목하도록 한다. 물론, 시적 퍼포먼스의 구체적 행위가 동반되고 있으므로 시인이 주목하는 생명의 외경스러운 가치는 '자연스러움'을 지닌다. 결코 유별나지 않다. 어떻게 보면 이것에 대한 시인의 태도는 심드렁하기조차 하다. 가령, 한라산 둘레 깊은 곳에 핀 푸른 산수국을 보고 있는 시적 화자는 "사는 게 다 그렇지/어찌 다 보여주며 살아졌던가/부서지고 멍든 가슴은/헛꽃 몇 장 밑에 숨겨두고/헤살헤살 아무렇지 않은 듯/잔바람에도 파르르 떨리는/헛꽃이 되어/푸른 심장이 되어"(「산수국」)라고 노래하는바, 산수국이 지닌 생의 저 고달픔과 애처로움을 담담히 전해준다. 이것은 달리 말해 시인이 생의 상처를 견디는 내공을 쉽없이 벼리고 있었다는 것을 말해준다.

헤어짐이
생각보다 많이 아팠다
별들이 떨어져
송곳처럼 돋아난 거리를
천년을 걸을 것처럼
맨발로 걸었다
거리엔 내가 뿌린

붉은 별들이
새벽이 오도록
잠들지 못했고
나는
두오모성당 찬 계단에
무릎을 꿇고

—「이별 후에」 부분

이별의 상처와 아픔은 '나'로 하여금 이별의 거리를 맨발로 걷게 한다. 이별한 날 밤, 별들은 지상으로 무수히 떨어졌고 그렇게 떨어진 "송곳처럼 돋아난 거리를" '나'는 새벽까지 걷는다. 그 송곳을 밟으며 맨발에서는 피가 흘렀을 것이고 '나'가 밟고 지나간 거리는 발바닥의 혈흔으로 이별의 상처와 아픔을 현시한다. 그리고 '나'는 성당의 차가운 계단에 "무릎을 꿇고/기도"를 한다. 이별의 상처와 아픔을 앓고 있는 '나'와 타자를 치유하는 기도를…….

그렇다. 시인의 이 간절한 치유와 구원의 기도는 지상의 비루한 세계와 맞섰던 뭇존재들의 영원한 안식을 위한 것이며(「사월의 기도」, 「사내의 이름」), 우리시대의 타락하고 부정한 것들에 대한 단죄와 심판을 위한 것이며(「도륙되는 시간들」), 수억만년의 우주의 시간을 농락하는 인간의 어리석음에 대한 준열한 꾸짖음과 그에 대한 반성이다(「사랑하는 것은 너무 멀리 있다」).

여기서, 우리는 이 모든 것들의 밑자리에 김영미 시인 특유의 사랑이 물들어 있다는 것을 눈여겨 보아야 한다.

햇빛이 나무를 품어 나무는 한 쪽이 환해졌다

나무는 그늘을 품어 그늘 한 쪽이 서늘해졌다

그늘은 나를 품어 나의 몸엔 그들의 문신이 새겨졌다

나는 의자에 나를 새겨 의자가 내 모습으로 얼룩졌다

제 몸을 다 내주며 기울어져가다

이윽고 자신을 다 지우고 하나가 되며

낮은 곳을 흥건히 적셔가는 부드러운 동질감

사랑한다는 것은

나의 모든 것을 내어주고 너의 모든 것을 품어가는 일

—「물들다」 부분

"나의 모든 것을 내어주고 너의 모든 것을 품어가는 일"은 결코 쉽지 않다. 여기에는 존재들과의 자연스러운 '이어짐'

과 '채워짐'의 연속, 바꿔 말해 서로에게 자신의 빈 틈을 채워줄 수 있는 것을 허락해주는 관용과 공허의 윤리미가 요구된다. 그래야 "낮은 곳을 흥건히 적셔가는 부드러운 동질감"을 서로 나눠갖게 된다. 이 동질감은 주체가 타자를 강제로 동일화하는 것도 아니고, 주체와 타자가 막무가내로 서로 뒤섞이는 착종도 아닌, 서로 다른 존재 가치를 존중하고 자연스레 조화를 이뤄가면서 아름다움의 감동을 생성하는 것이리라.

4.

그래서인지, 김영미 시의 아름다움의 감동은 서로 다른 존재의 어떤 어우러짐 과정의 순간에서 밀려든다.

> 돼지의 뼈와 살을 푹 삶고 삶아 고아낸
> 뽀얀 국수국물처럼
> 제 가슴 고아가며 사는 게
> 세상의 일이다. 라는 말을
> 목울대 뒤로 꾹 눌러 삼키곤
> 나오지도 않는 빈 가슴 내밀어
> 젖 물리듯이
> 아이 앞으로 국수그릇만 자꾸 밀어 넣었다
>
> 시험이 아니었다면 꿀맛 같았을 음식을
> 아이는 제 마음 보여주듯

젓가락으로 휘젓기만 하고 있다
뽀얀 국물 속에서 국수발은 퉁퉁 불어가고
벙어리가 되어버린 입 대신
한숨을 꾹 눌러 삭힌 가슴이 말을 한다
어서 먹어봐, 이놈아.

—「새벽에 고기국수를 만들어서」 부분

"니 요전에 물메역 먹고 싶덴 허지 안 해시냐."
"……."
"메역이 막 좋아라게."
"게난 또 바당에 가납디가?"
"게민 어떵말이니?"
"에휴, 알아수다.

(중략)

"바당 아래선 나도 그냥 메역이 되분다. 게난 아맹도 안허여. 이레저레 흔들리당 보민 호루해가 꿈쩍 조무라불곡 또 경 살당보난 이젠 그 한 시상 몬딱 살아져시네. 경 사는 거여. 사람 사는 게 다 경허주. 무싱거 이신줄 알암시냐?"

—「미역이 있는 저녁 풍경」 부분

위 두 시는 시적 진술의 힘보다 시를 에워싸고 풍겨나는 시적 정황의 힘이 돋보인다. 기말시험 결과가 좋지 않아 침울한 채 새벽 독서실에서 돌아온 아들에게 어미는 고기국수를 만들어 아들의 야참으로 내놓는다. 어미는 아들을 위로해주고 싶은 말이 있으나 일부러 말을 하지 않는다. 대신 "아이 앞으로 국수그릇만 자꾸 밀어 넣"을 뿐이다. 어미는 침묵으로 "어서 먹어봐, 이놈아."고 말을 건넨다. 그렇게 어미는 아들의 존재 심연으로 물들어 "돼지의 뼈와 살을 푹 삶아 고아낸/뽀얀 국수국물처럼/제 가슴 고아가며 사는 게/세상의 일이다."라는 평범한 진실을 깨우치기를 기대한다. 지금 당장은 아니지만, 어미의 침묵과 고기국수, 고기국수를 젓가락으로 휘젓는 아들의 행위 사이에는 삶의 진실이 채워질 터이다. 왜냐하면, 아들은 언젠가 시간이 흘러 어미의 나이가 됐을 때 어미의 침묵과 고기국수에 물들어 있는 진실을 헤아리게 될 것이기 때문이다. 이것은 「미역이 있는 저녁 풍경」과 겹쳐진다. 팔십을 넘은 노모는 딸이 우연히 내뱉은 말("물미역을 먹고 싶다")을 잊지 않은 채 바다 물질을 하여 미역을 캐 왔다. 바다 물질을 할 때는 절로 미역이 돼 버리고, 그렇게 삶과 죽음을 넘나드는 물질을 하면서 사는 게 해녀로서 자연스러운 삶일 뿐 삶이 무슨 특별한 것이 아니라는 노모의 평범한 말은 그 자체가 생의 비의적 진실이다. 무엇보다 이런 진실이 노모의 생의 리듬에 얹혀 제주어로 자연스레 표현되는 것 자체가 바로 시와 다를 바 없다. 노모와 바다, 물질, 딸 등속이 서로 어우러지고 그것들 사이에서 피어나는 아름다움의 감동은 존재의 희열감으로 잠시 정신을 아뜩하게 한다.

여기서, 김영미 시인이 그리는 시적 풍경은 "심심한 풍경"(「막걸리가 간절한 날」)처럼 보이지만, 시인은 "근데, 사는 게 뭡니까?"(「그러므로 말하지 않아도」)와 같은 도저한 질문을 회피하지 않고, "온몸을 가시로 빼곡히 채운 가시나무"(「머귀나무」) 존재 자체가 함의하는 답변으로 담대히 응대한다. 우리는 "가난한 땅 위에 마음을 심는"(「겨울 애상·2」), 그의 지속될 시적 응전을 기대해본다. 이 도정에서 김영미 시인은 그 만의 시적 옹이를 만들어갈 것이다.

너에게 있어 가장 단단한 심장이고 싶었다

절대로 부서지지 않는 가장 맑은 한 점

너에게로 향하던 고집스런 마음의 결

—「옹이」 전문